PLANCHES

DE LA DESCRIPTION

DU DÉPARTEMENT DE L'OISE.

NOTES SUR LES PLANCHES

QUI NE SONT PAS DECRITES DANS LE TEXTE.

PLANCHE PREMIERE.

Ces deux gravures ont déja paru dans le Journal de l'Oise; elles sont la copie d'antiquités trouvées dans le Beauvaisis, à Bratuspantium sur-tout, si l'on veut donner ce nom aux ruines voisines de Breteuil.

Les nº 1, 2, 3, offrent des vases entiers que je possede; ils sont, comme on peut en juger, de la forme la plus élégante.

Le vase nº 1, muni d'un petit appendice, servoit à donner du lait aux enfants qu'on se disposoit à sevrer.

Le vase nº 5 est d'une pâte extrêmement fine, et d'un travail comparable à celui de l'Étrurie.

Les nº 4, 6, 7, 8 sont des fragments d'une terre rouge, tels qu'on en trouve sur tous les points des Gaules où les Romains ont séjourné long-temps : la hardiesse du dessin les fait rechercher par les amateurs; Caylus, Montfaucon, etc. en ont fait graver quelques-uns.

Le lacrimatoire nº 9 est d'un verre irisé d'une délicatesse égale à celle de nos chanterelles, et parfaitement conservé.

Nº 10. On voit une médaille gauloise d'un assez bon travail. En cédant à la manie de tout expliquer, de tout accommoder aux fables grecques et romaines, il seroit aisé d'en faire un Janus; ce dieu guidoit les Ombriens en Italie, les Ombriens étoient Gaulois.... Je répondrois à l'objection accréditée, que nos ancêtres ne donnoient pas de formes humaines à leurs dieux, par quelques exemples spécieux, par la statue de Boul-Janus, trouvée dans les environs de Nantes, par la statue de granit de Keripily, près de Baud....: notre médaille auroit été frappée avant l'époque des réformes druidiques, etc., etc. Il est plus naturel de croire qu'on a rapproché deux freres ou deux *Solduvii*, célebres par leur amitié..... L'animal fantastique du revers, espece de griffon, indique la force du lion et la rapidité de l'aigle réunis chez les chevaliers dont la gravure donne le portrait.

Sur l'autre planche, on voit une petite Diane de

iv

bronze qui servoit de manche à un couteau dont la lame a été mangée par le temps; c'est un petit chef-d'œuvre dont la gravure ne peut rendre la grace et la rondeur; la cuisse et la jambe sur-tout sont d'une exécution parfaite.

La médaille gravée sur cette planche est de cuivre couvert d'une belle patine, elle représente le profil d'un vieillard entouré de sept globes ou des sept planettes. Le revers de presque toutes les médailles gauloises offre un cheval mal exécuté; ici le cheval est fait avec plus d'art, mais l'homme ou le singe, l'animal enfin qui paroît siéger sur sa croupe, tenant un fouet à la main, est d'une exécution barbare; il rappele les premiers essais des Étrusques.

La fibule qu'on voit à côté d'un pendant d'oreille d'or, garni d'une émeraude, est de bronze, et fort jolie.

PLANCHE II.

Si les monuments de la Grece et de l'Italie n'étoient point parvenus jusqu'à nous, ces dessins, traités en grand avec les développements qu'ils pourroient fournir, nous donneroient une idée avantageuse du génie, du talent des anciens arrivés à une grande perfection.

Les anciens ne mettoient rien au hasard dans leurs ouvrages. MM. Molinos et le Grand ont retrouvé dans la nature les plantes employées dans les frises,

les corniches, les architraves de l'architecture antique; je me suis convaincu que les animaux de ces édifices avoient un sens comme dans les hiéroglyphes; qu'ils rappeloient des sentiments ou des idées, des maximes. Si dans le moyen âge ces animaux ont été capricieusement rassemblés, on doit l'attribuer à l'ignorance des artistes de cette époque malheureuse.

On voit n° 1, dans le cercle du milieu, un assemblage singulier, celui d'une colombe et d'un hibou........ c'est un emblême de la chaleur d'amour domtée par la sagesse. Les Athéniens, les Brutiens marquoient d'un hibou leurs médailles; les prêtres égyptiens représentoient l'amour lascif par les baisers de deux colombes... Mécene disoit, *columbatim labris inserens labra.*

Le lievre désignoit la vigilance dans les hiéroglyphes égyptiens.

On peut remarquer la richesse et les graces de ces oves et de ces encadrements.

La simplicité de la composition, l'à-plomb du cavalier romain, le feu, l'action de son cheval, sa forme, qui tient à celle des chevaux de Venise placés au palais consulaire, le dessin beau comme celui d'une médaille, la frise élégante et neuve, rendent précieuse la planche n° 2.

Les ornements d'un style absolument neuf qu'on remarque n° 3, les rosaces du n° 4, les enrôlements du n° 6, offrent aux peintres, aux manufacturiers des motifs qu'on ne trouveroit point ailleurs.

Le corbeau fut l'oiseau d'Apollon: il fut l'emblème de ces orateurs qui débutent avec élégance et finissent par être inintelligible; de ceux qui, comme lui, naissent blanc et deviennent noirs.

Le sanglier n° 8 nous rappele l'impétuosité guerrière; on croit qu'il se précipite sur ceux qui l'ont blessé: que d'action dans son mouvement!

La frise de ce fragment est de toute élégance.

PLANCHE III.

Cette planche présente une grande variété de formes et de dessins. Les mascarons en sont originaux et prononcés à la maniere des Égyptiens et des Étrusques.....

Les amours sont délicieux.

L'Amour, fils de Mars et de Vénus, peut être armé d'un bouclier. Les enfants ailés qui tendent les mains vers le ciel sont jolis comme ceux de l'Albane, et mieux dessinés.

Quelles qualités conviennent mieux au jeune Hercule que celles dont le griffon, le lion, le dauphin, le mouton sont l'image. L'intelligence des choses élevées, la force, la vitesse, la douceur qui pardonne, sont les qualités d'un héros.

Est-il une plinte plus noble que celle de cette planche?

L'animal à cornes palmées n'est ni l'alcé, ni l'urus ni le bizou, ni l'élan des Commentaires de César, c'est un animal de fantaisie ou le lievre à cornes (1); ses pieds fourchus démentiroient peut-être cette derniere assertion. Il ne faut pas s'étonner de trouver sur ces débris antiques des animaux perdus pour nous: nous n'avons aucune connoissance positive d'especes placées par les anciens dans les Gaules, et sur-tout dans l'immense forêt d'Hercinie, quoique des découvertes modernes semblent nous en attester l'existence.

L'œil saisit, sans que je les désigne, le goût et la légereté de ces ornements que je pourrois multiplier puisque j'en possede plus de huit cents morceaux, les artistes sur-tout en apprécieront le mérite.

---

(1) Jac. Th. Klein de Quad., p. 52, t. III, donne la figure d'un lievre à cornes *(talia cornuæ quæ raro vituntur ipse habui)*.

Balbinus Misc. hist. Bohem, dit *non insolentes in Norvegia lepores cornuti.*

Buffon, in-4°., tome 14, prétend, « que ces cornes sont des bois semblables aux bois de chevreuil »; il ajoute « que cette variété, si elle existe, n'est qu'in-
« dividuelle ».

PLANCHE IV.

Ces vases sont d'une terre rouge très fine, et communément de huit à dix pouces de haut sur sept à neuf pouces de diametre. M. Buquet, M. Provost en possedent d'entiers. Les ornements sont en relief; je ne connois rien chez les anciens qu'on puisse préférer à ces vases.

PLANCHE V.

Il est impossible de trouver une patere plus jolie, mieux composée, plus agréable à l'œil. Cet Amour, jouant de la lyre, est dans un mouvement parfait, ces perles, ces baguettes, ces guirlandes sont comparables à ce que nous avons de plus pur. Les colombes sont un revers très naturel dans une médaille où l'amour figure.

Cette patere est d'une terre dure, compacte, légere, et d'un blanc jaunâtre.

Je ne parle pas des fibules qui garnissent cette planche, j'observe seulement qu'une d'elles conserve un cercle d'émail de couleur d'émeraude.

PLANCHE VI.

Fig. 1 et 2, belle coquille fossile; elle est figurée de grandeur naturelle sur ses faces extérieures et intérieures, afin qu'on puisse en distinguer tous les caracteres. Sa charniere disposée en lignes droites, et les sillons presque paralleles de la surface plane qui y adhere la range naturellement parmi les arches.

Cependant La Marck, qui en a fait mention dans son Systême des Molusques, p. 116, la place dans un genre particulier qu'il a formé sous le nom de *cuculée*, immédiatement après les arches. Une coquille assez rare dans les cabinets, connue sous le nom de coqueluchon de moine, a donné lieu à la formation de ce nouveau genre. Chemitz, qui a publié un si grand recueil sur les coquilles, a donné au capuchon de moine le nom d'*arca cuculata*, d'où La Marck a prit le mot cuculée.

Mais les noms latins ou grecs, créés par les modernes pour exprimer des objets que les Grecs et les Romains n'ont jamais connus, sont le plus souvent si étrangers au génie de la langue française, qu'ils la blessent presque toujours lorsqu'on veut les traduire. La Marck, parceque cette coquille est épaisse, l'a nommée *cuculea crassatina*, ce nom même en latin n'a rien d'agréable ni d'harmonieux; on sait que les anciens reprocherent à Virgile d'avoir mis dans ces vers *dorica castra*. Cuculée en français n'offre de sens qu'après un commentaire.

Je prends donc le parti très simple et très peu scientifique de nommer cette coquille *arche épaisse*

de Beauvais, ce que tout le monde entendra. La diffé-
rence du capuchon de moine et de l'arche, qui n'existe
que dans les côtes parallèles des extrémités de la
charniere, ne me paroît pas assez grande pour l'arra-
cher à la classe des arches dans laquelle ses formes
la placent.

L'analogue de ce fossile n'est pas connu; on en voit
dont les valves sont réunies: elles sont communément
séparées. Je les ai trouvées dans un sable quartzeux
à Bracheux, à peu de distance de Beauvais.

Fig. n° 3 et 4, c'est la *cypræa inflata* de La Marck,
p. 389. Annales du Muséum d'hist. nat. t. 1: elle vient
de Chaumont.

PLANCHE VII.

Fig. 1. Elle représente, sous trois aspects, une vénus
fossile inédite, qu'on ne rencontre qu'à Bracheux.
Découverte dans le département de l'Oise, je me ha-
zarde à la nommer la vénus de l'Oise, nom que les
naturalistes peut-être ne refuseront pas de consacrer.

Fig. 2. C'est un casque de l'espece la plus rare.
Voyez La Marck, Annales du Musée, t. 1.

PLANCHE VIII.

J'ai voulu donner le plan de Compiegne sans les
embellissements qu'un beau site pourroit y joindre;
on connoîtra mieux les masses et les détails de ce
bâtiment que si l'œil en étoit distrait par un riche
paysage.

L'architecture devroit toujours être gravée au simple trait, elle n'auroit pas l'inconvénient d'être al-
térée par les graveurs qui changent souvent la pro-
portion des profils en étendant, en terminant leurs
ombres.

Le château de Compiegne marque sur-tout par sa
belle ordonnance, par sa belle disposition: un goût
difficile y blâmeroit des détails contraires à ce grand
principe de l'architecture, que tout ce qui n'est pas
nécessaire, même dans les ornements, est déplacé.
Au reste, l'architecture n'étoit pas aussi sévere il y a
vingt ans qu'elle l'est aujourd'hui; nous sommes à
présent convaincus que les anciens, que les Grecs
sur-tout, sont arrivés au point de perfection au-delà
duquel il n'est que caprice, qu'erreur; et nous travail-
lons à les copier pour les atteindre.

Les numéro placés sur les autres planches renvoient à la page du texte où les gravures sont décrites.

Frontispice

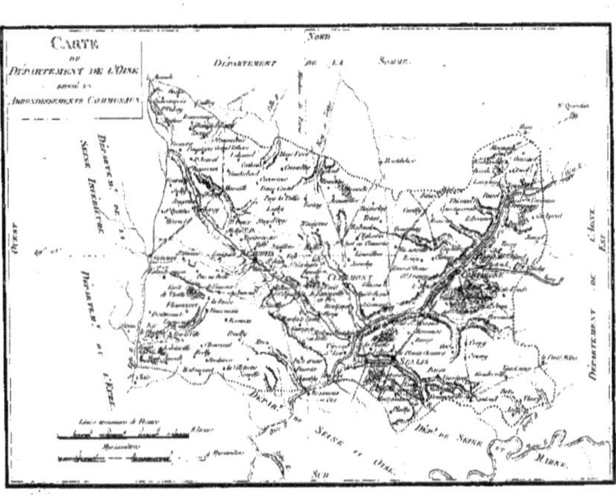

CARTE
DU
DÉPARTEMENT DE L'OISE
divisé en
ARRONDISSEMENTS COMMUNAUX
NORD
DÉPARTEMENT DE LA SOMME
DÉPARTEMENT DE LA SEINE INFÉRIEURE
OUEST
DÉPARTEMENT DE L'EURE
DÉPARTEMENT DE L'AISNE
EST
DÉPART.t DE SEINE ET OISE
DÉP.t DE SEINE ET MARNE
SUD
CLERMONT
SENLIS
St Quentin

Fragmens Antiques.
1re Explication des Planches. Pl. 1.

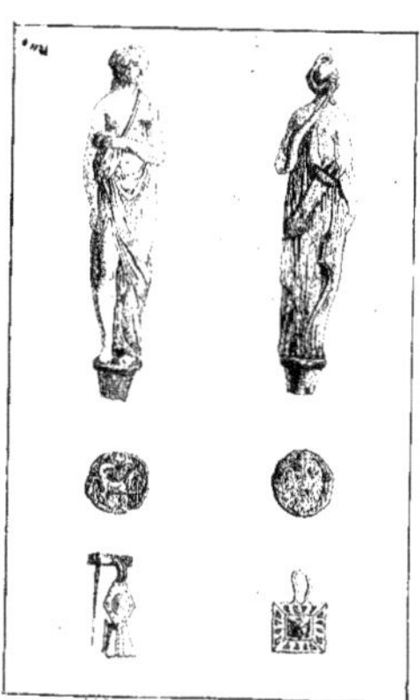

Fragmens Antiques.
1re Explication des Planches. Pl. 1.

Fragmens de Vases antiques.

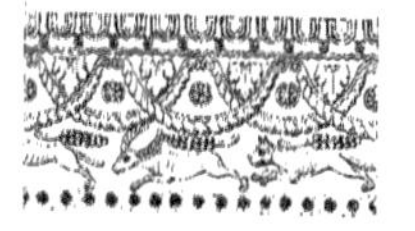

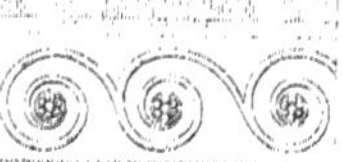

Fragmens de Vases Antiques.
Explication des Planches Pl. 8.

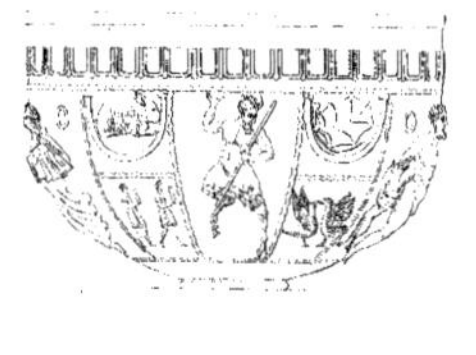

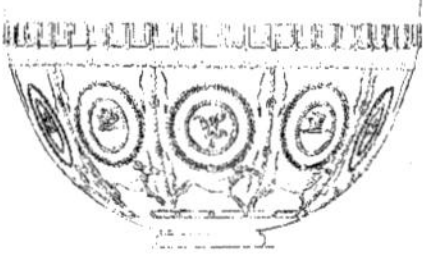
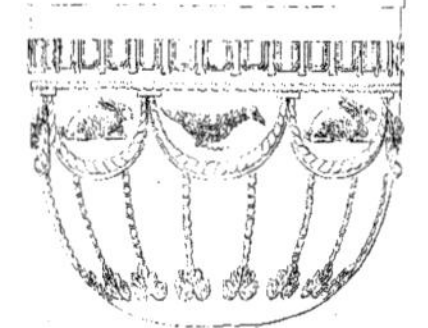

Explication des Planches N° 4.

1ère Explication des Planches Pl. 5.

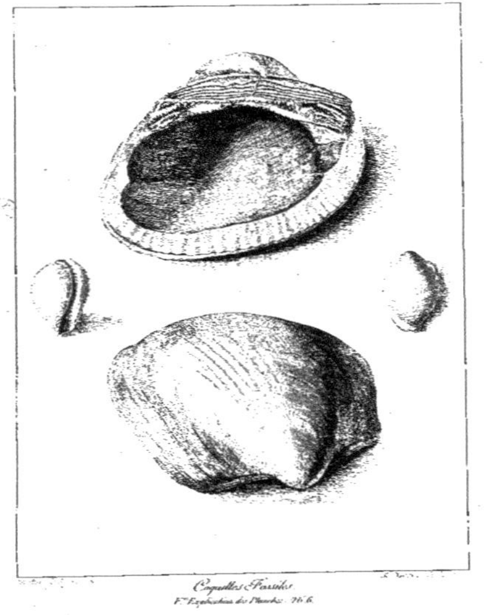

Coquilles Fossiles.
V.r Explication des Planches. N.o 6.

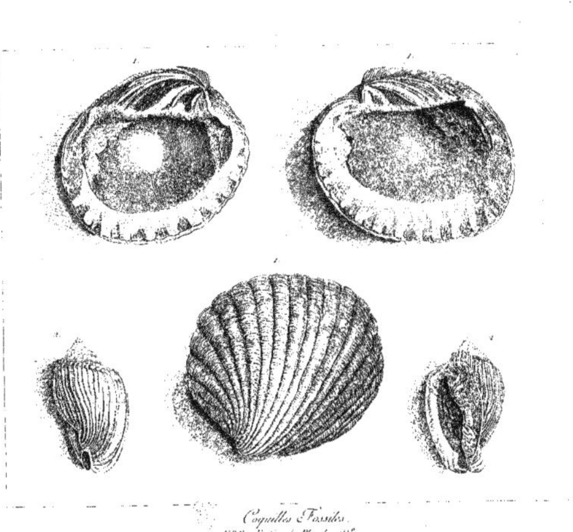

Coquilles Fossiles.
V.ᵉ Explication des Planches, N.ᵒ 7.

Beauvais
1. la Cathédrale.
2. le Séminaire.
3. la Préfecture.
4. St Etienne.

Vue de la Préfecture de Beauvais,
du côté des jardins.

Manufacture de Toiles peintes
à Beauvais.

1 Tour de César.   2 St. Lucien.

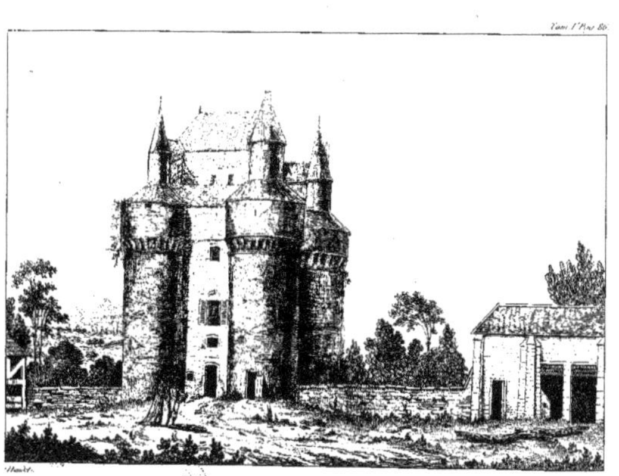

Dameraucourt

Détails du Château de Sarcus.

(Chaumont)

Trie le Château.
Tome de J. J. Rousseau.

L'ancien Château de la Milletière.

Savignies

Poterie de Savignies.

Vue d'une feuille de Brantuspantum.

Clermont ?
vue de la route de Beauvais.

Site de Liancourt.

Plantage de Bled.

Pyramide de Liancourt.

Verberie.

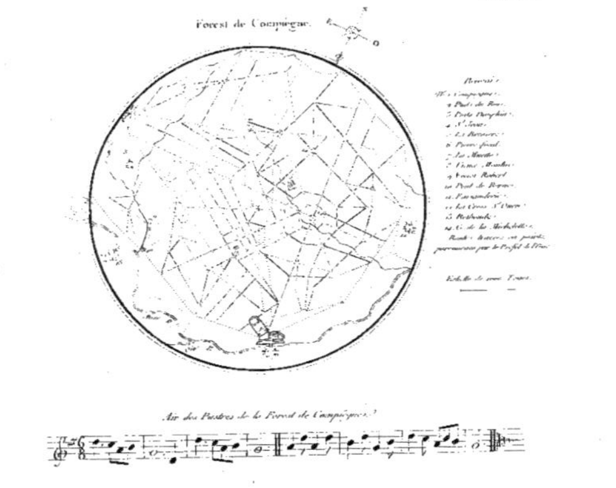
Tom. I Pag. 340
Forest de Compiègne.
Renvois:
Echelle de
Air des Pastres de la Forest de Compiègne.

Château de Pierre-fonds;
forest de Compiègne.

Touron

Vue de Bains

Vue prise sur les Remparts de Senlis.

1. Tour ditte de César.

Vue d'Ermenonville.

La Brasserie d'Ermenonville.

Morte Fontaine.

Pont St. Maxence.

Tom. II Pag. 50.

Entrée du Jardin de Vilette,
près Pont S.te Maxence.

Creil.

Vue de l'Oise.

Vue de Montataire

Les Étangs de Commelle, forêt de Chantilly.

(Château de la Reine Blanche)

Chantilly.

Montepilou.

Vue du jardin de Betz.

La Femme de J.J. Rousseau

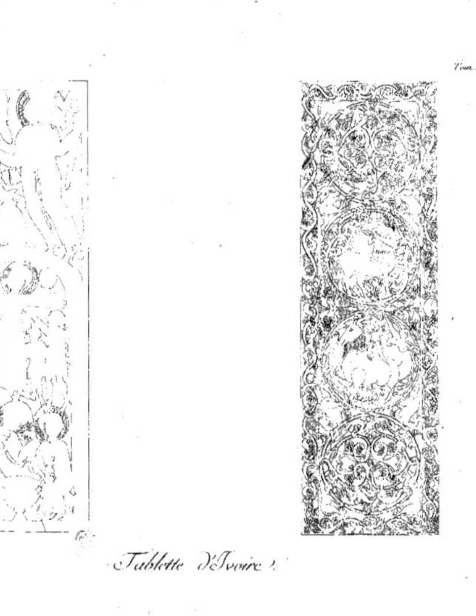

Tablette d'Ivoire.

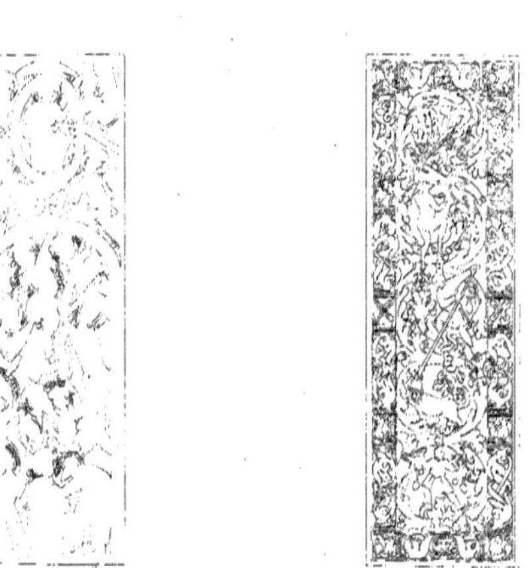

Tablettes d'Ivoire.

Barons faucte
fo. rouge   i Sasti

9 782019 980092